烹饪技艺系列丛书

# 食品雕刻图解

主　编　赵洪猛

副主编　董丽娜　李红霞

西安电子科技大学出版社

# 内 容 简 介

本书为中等职业学校烹饪专业配套教材。

全书主要包括三部分内容：花卉雕刻、禽鸟雕刻、其他种类作品雕刻，每个部分都由简单易学的品种入手，使学习者能够轻松掌握食品雕刻的基础操作技能。本书根据作者多年的教学及实训经验，选取实用价值高的雕刻品种，对每个品种采用直观的分步图解模式，化繁为简地将常用的食品雕刻作品的雕刻过程呈现给学习者。

本书既可以作为中等职业学校烹饪专业教材，也可以作为酒店厨师和雕刻爱好者的学习工具书。

**图书在版编目（CIP）数据**

食品雕刻图解/赵洪猛主编.
—西安：西安电子科技大学出版社，2017.8(2023.8重印)
（烹饪技艺系列丛书）
ISBN 978-7-5606-4551-3

Ⅰ.① 食… Ⅱ.① 赵… Ⅲ.① 食品雕刻—图解 Ⅳ.① TS972.114-64

中国版本图书馆CIP数据核字（2017）第209478号

策　　划　高　樱
责任编辑　杨　薇
出版发行　西安电子科技大学出版社（西安市太白南路2号）
电　　话　(029)88202421　88201467　　　邮　编　710071
网　　址　www.xduph.com　　　　　　电子邮箱　xdupfxb001@163.com
经　　销　新华书店
印刷单位　广东虎彩云印刷有限公司
版　　次　2017年8月第1版　2023年8月第3次印刷
开　　本　787毫米×1092毫米　1/16　　印　张　3.75
定　　价　15.00元
ISBN 978-7-5606-4551-3/TS
XDUP 4843001-3
****如有印装问题可调换****

# 前　言

中国历来有烹饪王国的美称，这项美誉应该说是名副其实。辽阔的地域和众多的民族造就了中国博大精深的烹饪文化，食品雕刻技艺就是其中璀璨的一颗明珠。

食品雕刻是一门充满诗情画意的艺术，被外国朋友赞誉为"中国厨师的绝技"和"东方饮食艺术的明珠"。食品雕刻的原料源自瓜果蔬菜，富含水分，不易保存，历史上的记载极为有限。据少量史料记载，在我国历史上文艺全盛的唐、宋时代，蔬果雕刻艺术已经初具雏形，只是当时并不普遍，唯有王公贵族的豪宴之中才能见到利用蔬果切雕的各种菜肴装饰品，以供来客品尝欣赏，所以蔬果切雕艺术可以说是一种在社会昌盛时期民生富庶条件之下的饮食文化产物。

中国烹饪讲究菜肴美感，注重食物的色、香、味、形、器的协调一致，使人们在品尝美味的同时达到审美愉悦和精神享受。菜肴美感的表现是多方面的，食品雕刻不仅为美食锦上添花，更能营造就餐氛围、提升美感享受。无论是水灵灵的红萝卜，还是不起眼的大南瓜，都可以雕刻出各种造型，达到色、香、味、形、器的和谐统一。

食品雕刻是用烹饪原料，雕刻成各种动植物、人物及风景建筑等来美化菜肴、装点宴席的一种的美术技艺。它既是烹饪技术的一部分，又是艺术殿堂里独特的一门雕刻艺术。

食品雕刻艺术的重点是形与神，形就是指具体事物的形状，该省略的省略，该夸张的夸张，或通过拟人的手法去把形状定出来，定出形状之后事物的神韵必须表现出来。作为美化菜肴的装饰品，食品雕刻必须要速度快，这就对雕刻者的技术水平提出了较高的要求。一般初学者至少需苦练五六载，才能独立完成一些普通的食品雕刻作品。

当今社会酒店行业竞争激烈，从业者在熟练运用各种烹饪知识及各种烹饪手法的同时，如果能充分体现出自己精湛的食品雕刻技艺，那么行业竞争力不言而喻。

本书由赵洪猛主编，董丽娜、李洪霞任副主编。本书为试用教材。食品雕刻艺术仁者见仁、智者见智，从业者的手法、刀法各有千秋，作者结合职业学校学生的特点及自己多年的教学经验编写了此书，希望能给初学者提供帮助。

由于编者水平有限，本书还有许多不完善的地方，真诚希望有识之士提出宝贵意见。

编者
2017年4月

# 目　录

# 一、花卉雕刻

## 1．圆叶大丽花

① 平口刀刻出半球形坯料。

② 2号U刀在中心深度1 cm处戳一圈,6号U刀去废料。

③ 分别用6、5、4号U刀戳出一、二、三、四层花瓣。

④ 戳出第五层花瓣并用3号U刀将废料戳掉。

⑤ 用平口刀交叉下刀刻出花蕊。

⑥ 整理后雕刻完成。

## 2. 龙爪菊

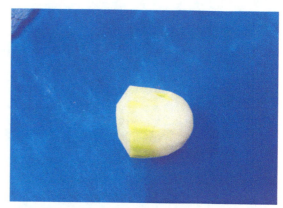

① 刻出顶部梯形、底部椭圆形的坯料。

② V刀戳出第一层花瓣。

③ 用手刀从原料底部向上下刀去废料。

④ 刻出第二层花瓣后修形。

⑤ 刻出三层花瓣后留少许花心料用来戳花瓣。

⑥ 雕刻好花心里面的花瓣即可。

### 3. 四角花

① 将胡萝卜用菜刀切成尖端略细的方形料。

② 原料横截面为正方形。

③ 尖端下刀去废料至原料底部。

④ 刻出尖端略薄底部略厚的花瓣。

⑤ 刻出四个花瓣后用刀尖将花挑下来。

⑥ 刻出四个四角花摆好即可。

## 4．荷花

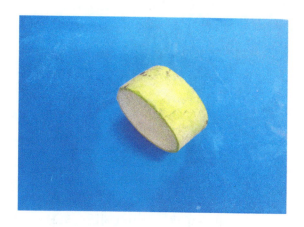

① 用青萝卜切出圆柱状厚坯料。

② 直刀法切出五边形料。

③ 侧面一半到底部中心弧线下刀去废料。

④ 在五条棱上斜刀有间距去废料。

⑤ 刻出顶部薄底部略厚的花瓣。

⑥ 从花瓣底部向上弧线下刀去废料。

⑦ 刻出第二层花瓣后去废料。

⑧ 刻出第三层花瓣后中间修成圆柱状。

⑨ V刀戳出花蕊后修出莲蓬。

⑩ 小U刀去废料，按上萝卜皮做的莲子。

## 5. 睡莲

① 半球料中心先用U刀戳至1/2深后手刀修斜面。

② V刀去月牙形废料后戳出第一层花瓣。

③ 戳出第二层花瓣后去废料。

④ 刻出三层睡莲花。

⑤ 用手刀将南瓜长条片刻出木梳状花蕊料。

⑥ 花蕊片卷好后用胶水粘到花心即可。

## 6．马蹄莲

① 将白萝卜用斜刀切成马蹄莲坯料。

② 将一面刻成桃形。

③ 桃形料修形后去一圈废料。

④ 手刀去废料修出马蹄莲外形。

⑤ 南瓜条修成顶端略细的圆柱形花蕊。

⑥ 用胶水将花蕊粘好即可。

### 7. 月季花

① 用心里美萝卜雕刻出梯形坯料。

② 底部斜刀去五个花瓣的废料。

③ 修出花瓣轮廓。

④ 刻出尖端较薄底部略厚的花瓣。

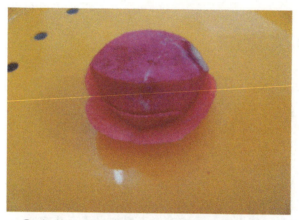

⑤ 与第一层花瓣错开，去废料，刻花瓣。

⑥ 刻出第二层五个花瓣。

⑦ 第三层刻出四个花瓣。

⑧ 第四层刻出三个花瓣，第五层刻出两个花瓣。

## 8. 牡丹花

① 将心里美萝卜修出半球形坯料。

② 抖刀法刻出第一层花瓣，去废料。

③ 刻出第二层及第三层花瓣。

④ 第四层花瓣角度垂直于底平面。

⑤ 刻出第五层花瓣。

⑥ 雕刻好花心。

# 二、禽鸟雕刻

### 1. 相思鸟

① 将胡萝卜粗端切成斧头刃状坯料。

② 斧头刃状坯料上端刻出头部轮廓。

③ 刻出"八"字形翅膀面后修背部线条。

④ 刻出嘴及眼睛。

⑤ 刻出尾部交叉状的两个翅膀。

⑥ 刻出胸腹线条及脚爪。

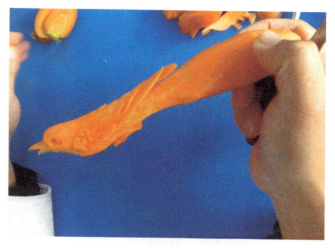

⑦ 去掉腿后部及尾部废料。

⑧ 刻出尾部后整理。

## 2．绶带鸟

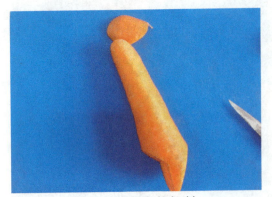

① 刻出绶带鸟的坯料。

② 刻出头部线条。

③ 刻出嘴、头羽、眼睛。

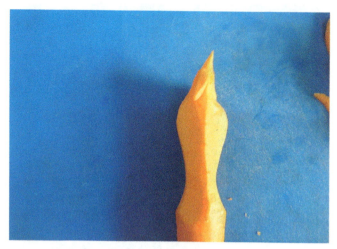

④ 刻出"八"字形翅膀面及背部线条。

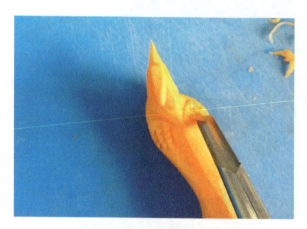

⑤ 刻出覆羽。

⑥ 刻出尾部上方交叉状飞羽。

⑦ 刻出脚爪后去废料。

⑧ 刻出尾羽并整理。

### 3．仙鹤

① 斜刀切出仙鹤坯料及两个翅膀料。

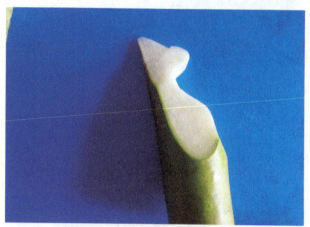

② 刻出仙鹤头部及背部线条。

③ 刻出头部及胸腹部线条。

④ 刻出嘴及眼睛。

⑤ 修出头颈部及背部线条。

⑥ 装上眼睛并刻出腿部及假山坯料。

⑦ 刻出两个翅膀坯料及假山。

⑧ 刻出背部及尾部羽毛。

⑨ 刻出一对翅膀。

⑩ 将翅膀用牙签及胶水安装并整理好。

## 4．孔雀

① 斜刀切出孔雀坯料及两个翅膀料。

② 设计好孔雀的体态。

③ 刻出孔雀的外形轮廓。

④ 刻出头颈部及背部线条。

⑤ 刻出嘴及眼睛。

⑥ 刻出腿部。

⑦ 刻出背部、尾部羽毛及头羽。

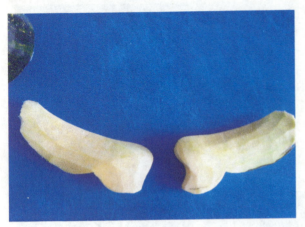

⑧ 修出一对翅膀坯料。

⑨ 雕刻好一对翅膀。

⑩ 安装翅膀及尾翎并刻出假山。

## 5. 凤凰

① 用南瓜切好凤凰坯料。

② 刻出头部基础料形。

③ 刻出头颈部轮廓。

④ 刻出背部线条。

⑤ 雕刻出嘴、眼睛及腿部。

⑥ 刻出颈部、背部羽毛及脚爪。

⑦ 刻出一对翅膀。

⑧ 刻出尾羽并安装翅膀。

⑨ 刻出相思羽并安装，戳出假山后整理。

# 三、其他种类作品雕刻

## 1. 龙头

① 用胡萝卜切出龙头的坯料。

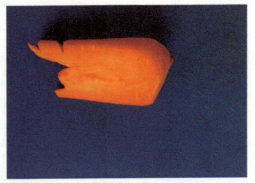

② 雕刻出嘴部线条及鼻子轮廓。

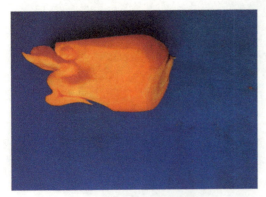

③ 刻出鼻子、下颌及眼睛。

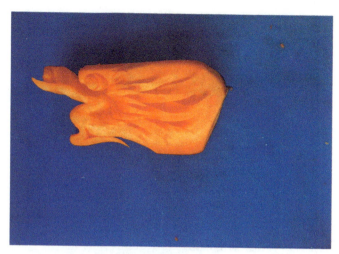

④ 刻出嘴角肌肉及须毛。

⑤ 刻出眉毛、耳朵及龙角坯料。

⑥ 雕刻出龙角并整理。

⑦ 刻出牙齿、舌头并整理。

⑧ 刻出龙须并安装。

## 2．龙爪

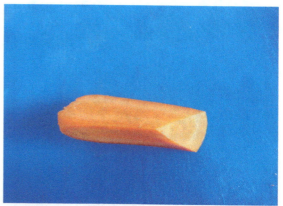

① 切出龙爪坯料。

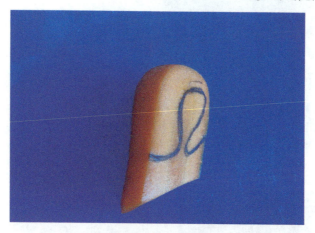

② 设计好基本轮廓。

③ 刻出腿部及爪的坯形。

④ 切出三个前爪。

⑤ 雕刻出后爪。

⑥ 刻出三个前爪。

⑦ 刻出腿部龙鳞。

## 3. 组雕龙

① 用胡萝卜组装好龙身体坯料。

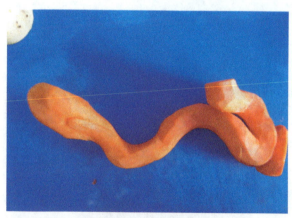

② 雕刻出尾部坯料。

③ 刻出龙尾部，用白萝卜做底托。

④ 用薄长条片刻出龙背鳍。

⑤ 划出龙鳞并粘好背鳍。

⑥ 刻出两个前爪。

⑦ 刻出两个后爪。

⑧ 雕刻出龙头。

⑨ 组装整条龙并安装云彩装饰。

### 4. 假山、波浪

① 用南瓜切出假山坯料并粘好。

② 刻出假山基础料形。

③ 用手刀及 V 刀刻假山。

④ 刻出不同山脉的假山组合。

⑤ 白萝卜刻好波浪坯料并组装。

⑥ 用手刀及 U 刀刻波浪。

⑦ 刻好波浪的浪头。

⑧ 刻出水珠并整理。

## 5. 宝塔

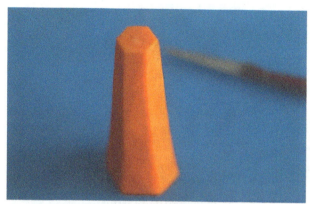

① 将比较直的胡萝卜切成顶端小底部大的六面体。

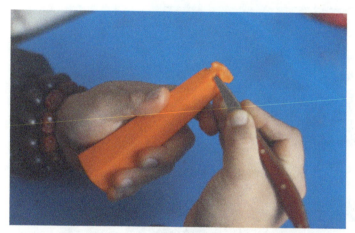

② 顶端去六刀近锥形废料，刻出塔檐。

③ 斜刀刻出第二层的塔檐。

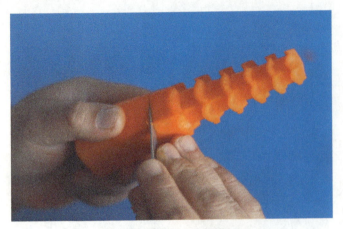

④ 依次刻出七层宝塔。

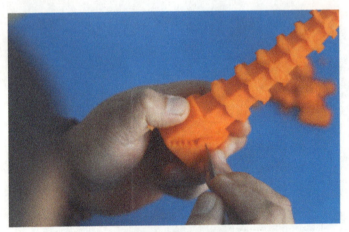

⑤ 刻出底座的台阶。

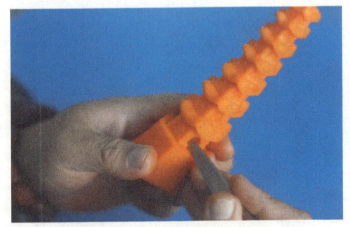

⑥ U刀结合手刀刻出每层塔的窗户并安装塔尖。

## 6. 燕鱼

① 红皮萝卜横向切约 1.3 厘米 厚的片。

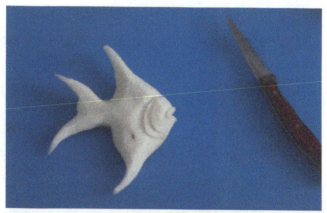

② 身体与尾巴基本为两个三角形，刻出大致轮廓后修出流畅的线条。

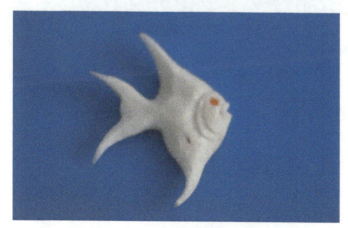

③ 最小号U刀与小 2 号 U 刀配合刻出眼睛。

④ 刻出鳞片及鱼的背鳍、胸鳍、尾鳍。

⑤ 在刻好的水草上安装燕鱼即可。

## 7. 云柱、云彩

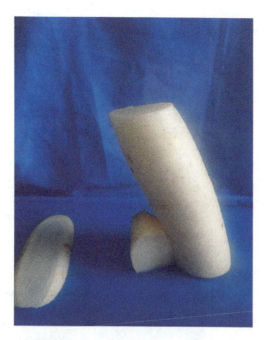

① 用白萝卜切好云柱坯料并组装。

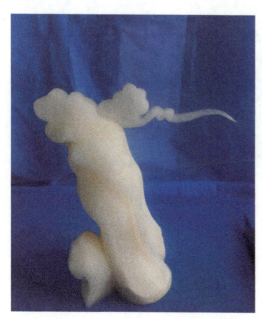

② 刻出云柱及云彩基础形态。

③ 刻好云柱、云彩、带状云彩。

④ 整理。

## 8. 瓜盅

① 刻出瓜盅底座。

② 刻好瓜盅盖。

③ 画出基础图案并去皮。

④ 将基础图案进行详细雕刻。

⑤ 去掉多余的西瓜皮。

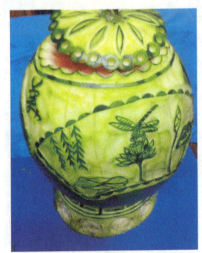

⑥ 整理。

## 9. 瓜灯

① 在西瓜上用勾刀分区域。

② 刻好顶部套环及装饰图案。

③ 在侧面圆环内刻出瓜灯的双层套环。

④ 将双层套环进行环下分割。

⑤ 推出双层套环。

⑥ 刻出两面双层套环及中间套环并整理。